Brujas

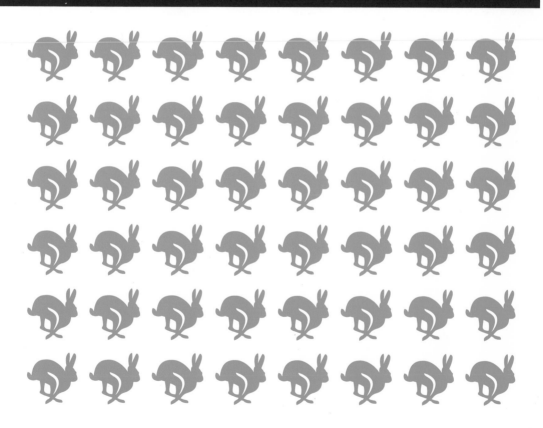

DIRECCIÓN EDITORIAL: Antonio Moreno Paniagua
GERENCIA EDITORIAL: Wilebaldo Nava Reyes
COORDINACIÓN Y EDICIÓN DE esonosé: José Manuel Mateo
DISEÑO DE LA COLECCIÓN: La Máquina del Tiempo M.R.
DISEÑO Y FORMACIÓN: Andrés Mario Ramírez Cuevas

PRIMERA EDICIÓN: Abril de 2008

D.R. © 2008, Ediciones Castillo, S.A. de C.V.
Av. Insurgentes Sur 1886, Col. Florida,
C.P. 01030, México, D.F.

Ediciones Castillo forma parte
del Grupo Macmillan

www.grupomacmillan.com
www.edicionescastillo.com
info@edicionescastillo.com
Lada sin costo: 01 800 536 1777

Miembro de la Cámara Nacional
de la Industria Editorial Mexicana.
Registro núm. 3304

ISBN: 978-970-20-1016-6

Impreso en México / Printed in Mexico

Esta obra se terminó de imprimir en
marzo del 2008, en los talleres de
Litográfica Ingramex, S.A. de C.V
Centeno 162-1, Col. Granjas Esmeralda,
C.P. 09810, México, D.F.

esonose

Brujas
Pasado y presente
de una perseguida

Cecilia López Ridaura

ILUSTRACIONES DE GABRIELA PODESTÁ

CASTILLO

UNA HISTORIA ANTIGUA

Toda mujer es una bruja en potencia.

¿Conocimiento o maldad?

La noche, la luna, la escoba, la hoguera, la poción, la magia, la danza, la mujer, la marginalidad, la soledad, la ira, la maldad, la lujuria, la envidia, la vejez, la enfermedad, la sangre y la muerte tienen en común dos cosas: son todos sustantivos femeninos y todos se relacionan con uno de los personajes más interesantes de los que se han ocupado la historia, la literatura y la tradición popular: la bruja.

No es una casualidad. Por supuesto, también hay nombres masculinos igualmente asociados con la magia y también a los hombres se les acusaba de hacer maleficios; pero tradicionalmente se ha establecido una estrecha relación entre la naturaleza femenina y la brujería. La edad media y aun el renacimiento fueron los periodos en que quedó definitivamente estructurada la figura de la bruja en el imaginario de los hombres; para ellos la naturaleza femenina resultaba un misterio y, por lo tanto, una amenaza; la existencia, real o imaginaria, de un personaje que reuniera lo femenino, lo poderoso y lo pérfido resultaba para muchos la explicación de los múltiples males que aquejaban a la sociedad. Entonces nació —se inventó, se fabricó— la bruja.

El personaje no nació de la nada, sino de la unión y asociación de ideas mágicas, religiosas y filosóficas provenientes de muy diversas épocas y lugares; ideas que fueron reunidas y organizadas entre los siglos XV y XVII, en una Europa devastada por la peste, la muerte, la hambruna y la injusticia social. Esa mezcla de ideas dio *vida* al personaje tal y como ahora lo conocemos: el de la mujer maléfica, de preferencia anciana, discípula, adoradora y amante del diablo, capaz de transformarse a voluntad y de convertir a los seres humanos en animales, de volver impotentes a los hombres y de cerrar la matriz de las mujeres; es ella la que ataca (o se come, mata o simplemente se roba) a los niños, lleva una vida nocturna, hace pociones, vuela y se reúne con otras brujas para dar rienda suelta a su deseo.

Cada uno de estos elementos y características existían ya antes de que se les atribuyeran a las brujas. En este libro vamos a revisar la red de asociaciones que entraron en juego en la formación de esta figura. Empezaremos por la asociación de tres elementos fundamentales: la mujer, la magia y la sexualidad.

Desde la antigüedad, era frecuente identificar la naturaleza femenina con una sexualidad incontrolable, y a eso se sumaba que la mujer fue considerada un ser incompleto y apenas consciente. Una y otra idea se unieron para hablar de una predisposición natural de las mujeres hacia la brujería y la superstición. Durante la edad media, la sociedad estaba en gran parte regida por hombres que además eran clérigos que profesaban la fe cristiana. Como religiosos, estos hombres se hallaban

totalmente alejados de las mujeres, de las que ignoraban casi todo, y a quienes por principio rechazaban. Por eso no es raro que uno de los rasgos dominantes del pensamiento de la época sea la misoginia: la aversión por las mujeres. En el imaginario oficial, es decir, masculino —y con frecuencia célibe—, cada mujer representaba la resurrección de Eva, es decir, de la responsable de que el hombre hubiera sido expulsado del paraíso. Así, el mal, o al menos la debilidad a la hora de enfrentarse a él, de oponérsele, se asociaba con la mujer, con su debilidad; pero más que un ser débil, los religiosos veían en la mujer una misteriosa y oscura naturaleza. Realmente consideraban que toda mujer era una bruja en potencia.

Para el cristianismo, la afinidad de la mujer con el mal comienza, pues, con Eva; es decir, con el principio mismo de la humanidad; o incluso antes. Según un mito hebreo (que retoma una figura de origen asirio-babilónico) Lilith, la primera mujer, fue hecha de la misma manera que Adán,[1] pero resultó rebelde, desobediente y soberbia —por ejemplo, se negó a tener relaciones sexuales como Adán quería—, y terminó por abandonarlo, luego de pronunciar el sagrado nombre de Dios, acto que la condenó al exilio (del paraíso y de las Sagradas Escrituras, en las que sólo aparece una vez, mencionada por el profeta Isaías). Lilith fue sustituida entonces por Eva, que por estar formada de una costilla de su compañero, necesariamente debía someterse a él. El mito antiguo dice que Lilith era una figura alada[2] de sexualidad insaciable que acostumbraba salir por las noches y, entre otras actividades, *malversaba*

1. En algunas versiones, Adán y Lilith fueron creados al mismo tiempo, pero de materiales diferentes. Por ejemplo, se asegura que Adán fue formado por polvo puro, mientras que Lilith fue hecha de sedimentos y excrementos, lo que explica su mala entraña. Lo que no queda muy claro es de dónde salieron esos excrementos.

2. Para los sumerios Lilith era una mujer pájaro, con patas y garras de lechuza, y esta ave era para ellos sagrada.

el sueño de los hombres solos (a los que luego les robaba el semen *que se iba a desperdiciar*, para engendrar demonios); a los niños recién nacidos les chupaba la sangre o se los comía en venganza del castigo que Dios le impuso: la muerte diaria de cien de sus hijos-demonios. Claramente, Lilith es un *antepasado* de las brujas y los vampiros, y su sustitución no evitó la caída del hombre: Eva, a pesar de su sumisión, acabó cediendo a la tentación de probar el fruto prohibido, dando con ello inicio a todos los males de la humanidad. En algunas versiones, es la misma Lilith la famosa serpiente que tentó a Eva.

En un célebre manual para inquisidores del siglo xv (del que nos ocuparemos más adelante), el *Malleus Maleficarum*, se aclaran las razones por las cuales la mujer es más proclive a asociarse con el mal que el hombre:

> La primera es que las mujeres son más crédulas, de donde, como el demonio intenta, sobre todo, corromper la fe, las ataca con preferencia [...]. La segunda razón es que las mujeres son, naturalmente, más impresionables y están más dispuestas a recibir las revelaciones de los espíritus separados [...]. La tercera, finalmente, es que tienen una lengua mentirosa y ligera: aquello que aprenden en las artes mágicas lo ocultan difícilmente a las otras mujeres amigas suyas, y como son débiles, intentan una venganza fácil por medio de maleficios.

Los autores terminan el párrafo citando la Biblia, particularmente el libro del Eclesiastés: "Toda malicia no es nada comparada con la malicia de la mujer". A continuación remiten a su propia experiencia como inquisidores para afirmar que las mujeres, como son débiles de cuerpo y de alma, para agredir a aquellos que detestan no pueden, como los hombres, recurrir al puñetazo limpio, por lo que tienen que embrujarlos.

Claramente, para estos señores, las mujeres son de una naturaleza intelectual diferente —desde luego inferior— a la de los hombres, y para sustentar sus palabras recurren a "la autoridad de la razón con muchos ejemplos en la Escritura". Además, les parece evidente que la mujer, por esta misma naturaleza débil, "es más carnal que el varón, como se demuestra por sus múltiples torpezas carnales".

Por si estos argumentos no fueran suficientes, añaden que se debe tomar en cuenta que hay "un defecto en la formación de la primera mujer", ya que al salir de una costilla del hombre, un hueso *curvo*, no podía sino ser de una naturaleza torcida. Finalmente, dicen los autores del *Malleus Maleficarum* que no hay más que remitirse a la etimología de la palabra que designa a las mujeres para entender por qué dudan más rápido y les es más fácil abjurar de la fe cristiana (requisito fundamental para convertirse en brujas). Según ellos *fémina* viene de *fe* y *minus*, lo que significa *menos fe*.

Estos argumentos, que hoy nos pueden parecer absurdos —por decir lo menos—, se convirtieron en la base de lo que conocemos como la "caza de brujas", que llevó al tormento, la cárcel y la hoguera a miles de personas.

En la misma línea, fray Martín de Castañega, en su *Tratado de las supersticiones y hechizerías y de la possibilidad y remedio dellas* (1529), la primera obra sobre el tema publicada en lengua romance (esto es, en español), retoma y amplía las *razones* que hemos enumerado hasta aquí; pero sobre todo, aclara por qué la designación de bruja no se aplica tanto a los hombres y sí a las mujeres.

Dice fray Martín de Castañega:

Destos ministros al demonio consagrados y dedicados más hay mujeres que hombres. Lo primero, porque Cristo las apartó de la administración de sus sacramentos, por esto el demonio les da autoridad más a ellas que a ellos […]. Lo segundo, porque más ligeramente son engañadas del demonio […]. Lo tercero, porque son más curiosas en saber y escudriñar las cosas ocultas […]. Lo cuarto, porque son más parleras que los hombres y no guardan tanto secreto y así enseñan más unas a otras […]. Lo quinto, porque son más sujetas a la ira, y más vengativas, y como tienen enojo, procuran y piden venganza y favor del demonio. Lo sexto, porque los hechizos que los hombres hacen atribúyense a alguna ciencia o arte, y llámalos el vulgo nigrománticos y no los llaman brujos […]. Mas las mujeres como no tienen excusa para alguna arte o ciencia, nunca las llaman nigrománticas […] salvo megas, brujas, hechiceras, jorguinas o adevinas.[3]

Según el autor, cuando el hombre se acerca a la magia lo hace en nombre del conocimiento, y tiene por tanto una base filosófica; en cambio las mujeres, cuando realizan los mismos actos, se ven impulsadas por su naturaleza débil, curiosa, iracunda y vengativa.

3. El término *mega o meiga* es utilizado junto con otros nombres en Galicia, y el de *jorguina* o *xorguina* era muy común en el siglo XVI. Sebastián de Covarrubias, autor de uno de los más célebres diccionarios en castellano (1611), dice que el nombre deriva "del jorgín o hollín que se les pega saliendo como dicen salir por los cañones de la chimenea".

Veremos que el concepto persiste, y en el siglo XVII, Sebastián de Covarrubias Orozco, en su *Tesoro de la lengua castellana o española*, al definir a la bruja, dice:

> Hase de advertir que, aunque hombres han dado y dan en este vicio y maldad, son más ordinarias las mujeres por la ligereza y fragilidad, por la lujuria y por el espíritu vengativo que en ellas suele reinar; y es más ordinario tratar esta materia debajo del nombre de bruja que de brujo.

Aunque por lo dicho hasta aquí podría pensarse que la asociación de la magia maléfica con la mujer comenzó con el cristianismo vuelto Iglesia, su origen puede remontarse hasta el neolítico, cuando las primeras sociedades agrícolas seguían ciertos ritos lunares.

La luna está identificada con el principio femenino (como el sol con el masculino), de ahí que se la relacione estrechamente con la fertilidad y con el ciclo menstrual. El asombro y el miedo que provocaba en estas sociedades primitivas que del cuerpo de la mujer saliera sangre a intervalos similares a los del ciclo lunar, y que esta emisión se detuviera cuando en ese mismo cuerpo se gestaban y salían niños, provocó que el periodo menstrual se asociara con la idea de la infertilidad o de la putrefacción. Por ello el periodo menstrual siempre ha estado rodeado de una serie de supersticiones, casi todas negativas: se ha afirmado que si la sangre tocaba la tierra, las plantas se morían, que la presencia de una mujer en esos días echaba a perder la comida o agriaba el vino. Con el tiempo, este miedo a la mujer no hizo sino afianzarse y en algunos casos se convirtió en odio. El triángulo formado por la luna (representación celeste de la mujer), la bruja (personificación del mal) y la noche (el espacio espiritual que las une) tenía todo un simbolismo mágico de signo negativo.

Vale la pena hacer notar que en la creencia popular, la luna tiene dos caras, una buena y una mala, aspecto que remite a la proverbial hipocresía de la mujer, como bien lo prueba la historia de Sansón, según dicen con frecuencia los autores de los tratados sobre magia y brujería. La cara buena de la luna es a la que se le confían la fertilidad de la tierra, la siembra, la poda y otras labores agrícolas. En cambio, el reverso es responsable del *alunamiento,* enfermedad identificada con el mal de ojo, que se cree causado en muchas ocasiones por las brujas.[4] Esta doble cara de la luna es fundamental para entender cómo concebían los hombres a la mujer, a la que Juan Crisóstomo en el siglo IV llamaba de todas estas formas:

> enemiga de la amistad, el dolor ineluctable, el mal necesario, la tentación natural, la calamidad deseable, el peligro doméstico, el flagelo deleitoso, el mal natural pintado con colores claros.

Sigamos ahora por otros terrenos para ver cómo a esta concepción de la mujer y del mal se fueron incorporando poco a poco otros elementos que configurarán las señas de identidad de la bruja.

4. En el mismo paquete de las supersticiones que giran en torno a la sangre menstrual entran las ancianas. Como en ellas ya no tienen salida los humores negativos —los cuales se liberan mediante la salida de sangre—, entonces los emiten por los ojos; de ahí que su mirada fuera capaz de causar muerte y enfermedad. Si además esta anciana era maléfica, el *aojamiento* estaba garantizado.

La magia: sus variedades

Para hablar de brujería hay que entrar en el terreno de la magia, palabra latina que se puede entender como cualquier intento de dominar, influir o al menos explicar los fenómenos o fuerzas naturales o sobrenaturales que rodean a la humanidad. El ser humano se siente tan atraído como amenazado por todo lo que no entiende. A todo lo que le rodea, a lo que le pasa, trata de oponer una explicación; pero cuando algún fenómeno rebasa su capacidad física e intelectual, entonces recurre a la magia para explicarlo: ahí donde no alcanza la razón, sobra la imaginación. Ante lo que se desconoce, ante lo que se teme, hay casi siempre dos actitudes: divinizarlo o atacarlo; y en ocasiones se asumen ambas actitudes a la vez. Magia y religión parten de la misma inquietud. Cuando el poder sobrenatural se expresa de manera positiva, se habla de un don, de una virtud, de una gracia divina, de un milagro. El mismo poder, cuando se manifiesta en forma negativa, se considera entonces obra del diablo. Es decir, si llueve y los campos reverdecen se debe a Dios, con la mediación de algún santo al que los agricultores se encomendaron; pero si la misma lluvia arruina las cosechas entonces fue obra del diablo, cuya actuación fue convocada por una bruja.

La magia es tan antigua como la humanidad. Los especialistas afirman que las primeras prácticas mágicas aparecen ya en el paleolítico, como lo testifican las pinturas rupestres, en las que por medio de la imagen del animal muerto se busca favorecer la cacería. En antiguos rituales paganos dedicados a la fertilidad la magia estaba siempre presente.

A lo largo de la historia vemos la constante presencia de la magia —la maléfica y la que no lo era—; abarcaba todos los lugares y todos los estamentos sociales: en el campo y en las ciudades, campesinos y reyes, ricos y pobres, mujeres y hombres, jóvenes y viejos, cultos e iletrados convivían cotidianamente con la magia, pero la forma de acercarse, las relaciones que mantenían con ella, el punto de vista desde el que la miraban podía variar bastante. Todavía hoy, la magia está presente en la vida cotidiana de la mayor parte de las sociedades.

Desde la antigüedad se distinguen diferentes tipos de magia: según quienes la ejerzan, según sus objetivos, según sus métodos o según la actitud ante el ser superior al que se recurre. Así, hay magia negra y magia blanca, magia buena y mala, culta y popular, pacto diabólico y gracia divina, filosofía oculta, magia natural, amatoria, adivinatoria y demoniaca. Sin embargo, intentar una clasificación de la magia separándola en buena y mala no siempre resulta convincente, porque una y otra pueden convivir. Otra diferenciación que los especialistas han propuesto es la de magia especializada y magia colectiva. La colectiva sería aquella a la que cualquiera puede tener acceso conociendo remedios, conjuros, rituales y ritos que se transmiten oralmente y que permiten cierto acercamiento con lo oculto; algunos médicos y yerberos, así como muchas clases de hechiceras, entran en esta clasificación. En cambio, la magia especializada es aquella practicada por personas a las que se atribuyen diferentes grados de poder sobrenatural, no

Los especialistas de la magia según san Isidoro (560-636), obispo de Sevilla

Magos (vulgarmente, maléficos): Perturban los elementos, enajenan la mente de los hombres y, sin veneno alguno, provocan la muerte a través de los sortilegios.

Nigromantes: Con sus hechizos hacen aparecer resucitados a los muertos y adivinan y responden a las preguntas que les formulan.

Hidromantes: Evocan mediante la observación del agua las sombras de los demonios, ven sus imágenes o espectros, escuchan de ellos alguna información y, empleando sangre, buscan información de los infiernos.

Adivinos: Fingen estar henchidos de Dios y con artificios engañosos predicen el futuro a los hombres. Dos son los tipos de adivinación: el arte y el delirio.

Encantadores: Practican sus artes, valiéndose de ciertas palabras.

Ariolos: Realizan plegarias y sacrificios funestos a los ídolos, después de lo cual reciben las respuestas de los demonios.

Arúspices: Tienen en cuenta los días y las horas en la ejecución de los asuntos y trabajos, y establecen qué es lo que el hombre debe hacer en cada momento. Predicen el futuro a través de la observación de las entrañas de los animales.

Augures: Observan el vuelo y el canto de las aves, así como otras señales de las cosas o sucesos imprevistos, y con ello prevén el desarrollo de actividades futuras.

Pitonisas: Practican la adivinación. Su nombre se deriva de Apolo Pitio, inventor de este tipo de adivinación.

Astrólogos: Hacen sus augurios fijándose en los astros.

Genetliacos (Las gentes suelen llamarlos matemáticos): Prestan atención a la fecha de nacimiento para realizar el horóscopo de los hombres, siguiendo los doce signos del cielo.

Horóscopos: Examinan las horas del nacimiento de las personas para descubrir su destino.

Sortílegos: Practican la adivinación, sirviéndose de los que ellos llaman "suertes de los ángeles", o mediante el examen de ciertas escrituras.

Salisatores: Realizan predicciones mediante el movimiento de algunas partes de sus miembros.

adquirido solamente por el conocimiento de lo oculto. Los especialistas son personas reconocidas como intermediarios entre lo sobrenatural y lo humano.

San Isidoro (560-636), obispo de Sevilla, en el libro VIII de sus *Etimologías* dedicado a la Iglesia y las herejías hace una relación de los especialistas de la magia conocidos en su época, así como de sus cualidades y atributos.

Si uno lee la lista que hizo san Isidoro puede ver que la magia estaba en todo: en el agua, en los animales, en el cielo; para cada necesidad había un especialista a quien recurrir. También en esta relación que hace san Isidoro es fácil ver que predominan las artes adivinatorias, lo cual es clara muestra de la incertidumbre que a la gente le provocaba —y provoca— el futuro; y la incertidumbre por lo común se traduce en miedo.

Adivinar el porvenir significaba una especie de diagnóstico; si éste era adverso —como solía ser—, para eso estaban, ahora sí, los magos y hechiceros que presumían de poder manipular en alguna medida los destinos.

En muchos de los tratados que abordaban la magia entre el final de la edad media y el renacimiento se discute qué tan herético es tratar de saber lo que sólo a Dios atañe (el futuro), y la diferencia entre descubrir lo que ahí está pero no es evidente, y lo que está oculto por voluntad divina. La diferencia entre una cosa y otra a la larga dio lugar a la distinción entre magia y ciencia, pues una y otra, junto con la religión, eran, originalmente, una sola cosa.

Ya en nuestro tiempo, Juan Francisco Blanco, en su libro sobre la brujería en los reinos hispánicos de Castilla y León, propone la siguiente clasificación

de los especialistas que gozaban (y en algunos casos gozan aún) de la credulidad popular:

1. Especialistas de la magia negativa: brujas, demonios y espíritus malignos.
2. Especialistas de la magia negativa y positiva: hechiceros y hechiceras.
3. Especialistas de la magia positiva:
    3.1. Sanadores: curanderos, saludadores, conjuradores y ensalmadores, mellizos, componedores de huesos.
    3.2. Adivinos y zahoríes.
4. Seres malditos: hombres lobo, sirenas, ánimas en pena, encantadas.
5. Otros seres fantásticos: duendes y trasgos, seres para asustar a los niños, basiliscos y culebrones, unicornios.

Aquí hablaremos sólo del primer grupo, en especial de la bruja, que como veremos está indisolublemente unida al diablo.

¿DESDE CUÁNDO HAY BRUJAS?

¿Cuándo empieza la bruja?
Lo digo sin vacilar:
en las épocas de desesperación.
JULES MICHELET

Las antepasadas de las brujas

La brujería surge principalmente de tres fenómenos que intervienen en la vida de la gente: mitos y ritos antiguos (en especial el culto a divinidades vinculadas a la noche y la tierra); los movimientos políticos y sociales ocurridos durante la edad media; y el concepto cristiano del diablo.

En las sociedades primitivas se rendía culto a una divinidad femenina, representante de la tierra y de la noche. Este culto, que incluía la danza y el conocimiento de los efectos ocultos de las plantas, estaba dirigido por mujeres y su influencia estaba muy extendida, lo que se refleja en la supervivencia más o menos modificada de sus elementos en ritos posteriores. La mitología grecorromana retomó aspectos de este rito en las figuras de varias de sus divinidades, tanto masculinas (Dionisos / Baco) como femeninas (Diana y Hécate, principalmente).

La diosa romana Diana (Artemisa), identificada con la luna —así como su hermano gemelo Apolo estaba asociado al sol—, era una especie de reencarnación o una suplantación de la diosa griega lunar Selene, hija de los titanes. Diana era la divinidad de la caza y la protectora de la naturaleza. También —sobre todo entre los griegos— fue la diosa de los animales y las tierras salvajes. Aunque no era maléfica,

se supone que fue ella quien proporcionó a la humanidad el conocimiento de las propiedades de las plantas; además, conviene tomar en cuenta que se trataba de una figura femenina fuerte que no se sometía a los hombres, por ello se le relaciona, igual que a otras figuras femeninas, con las amazonas. Diana tampoco era voladora, pero en el ideario de la edad media se le representaba atravesando los aires en las noches. A las brujas renacentistas se les acusaba de acompañar a Diana en estas correrías nocturnas.

Hécate, considerada la patrona de la hechicería, es otra figura que reúne muchas de las cualidades que luego se asociaron a las brujas. Su nombre viene de la palabra que en griego antiguo significa *danza de manos*, lo cual con el tiempo resultará definitivo para que su figura se asocie con el baile característico de los aquelarres. Hécate, equivalente a la diosa de la mitología romana Trivia *(tres caminos)*, era también la diosa de las encrucijadas y suele hallarse representada como una deidad triple (a veces son tres mujeres, a veces una con tres cabezas); manda sobre los cruces de caminos, zonas peligrosas —como las salvajes—, pues, como veremos, esos sitios donde los caminos convergen están asociados a las apariciones del diablo.

Originalmente (en Tracia) Hécate era la diosa de las tierras salvajes y de los partos. Cuando los griegos la incorporan a su mitología, en unas versiones se le considera hija de Gea y Urano (dioses de la tierra y del cielo); en otras es hija de Asteria, la diosa de las estrellas, y por tanto nieta de Febe, que personificaba a la luna. Se trata, entonces, de una deidad lunar a la vez que se le tiene por guardiana de la frontera entre los humanos y los espíritus, entre la tierra y el submundo. Hécate también ostentaba el título de *reina de los fantasmas*. Su figura como diosa de la magia y la hechicería aparece con frecuencia en los antiguos textos mágicos. En todo caso, se trata de una diosa algo marginal. Está relacionada con Medea, la hechicera, la más brujeril de todos los personajes clásicos. En algunas versiones Medea es hija de Hécate y hermana de otra hechicera, Circe,[5] y en otras es su sacerdotisa; en cualquier caso, se trata ya de una mujer con poderes sobrenaturales, capaz de detener el curso de los ríos y de interpretar la trayectoria de la luna y las estrellas, experta en el manejo de hierbas, filtros y venenos, que utiliza primero cuando quiere ayudar al hombre del que se enamora, Jasón, y más tarde para vengarse de él, matando a su prometida y a los hijos que había tenido con él, para luego tener una larga historia de destierro. Aparece ya en el mito de Medea la magia erótica relacionada con la hechicería, combinación que tendrá una presencia constante en la práctica de la brujería.

Lamia es otro personaje de la mitología clásica que reúne una serie de elementos que luego se incorporarán a la personalidad de la bruja. Este personaje tiene muchos puntos de contacto con la figura de Lilith, a la que nos referimos al principio. La historia cuenta que Hera, la esposa de Zeus, celosa

---

5. En la *Odisea*, Circe transforma a los compañeros de Ulises en cerdos. Las brujas renacentistas retomarán el atributo de transformar en animales a sus enemigos.

de las relaciones de su marido con Lamia, la transformó en un monstruo que devoró a sus propios hijos (en otras versiones Lamia mató a sus hijos y por el dolor se transformó en monstruo). En castigo, Lamia fue condenada a no poder cerrar los ojos y tener siempre ante sí la visión de sus hijos masacrados. Zeus se compadeció y le otorgó el poder de quitarse los ojos para descansar. Se le representa con cuerpo de serpiente y pechos y cabeza de mujer. Como tiene envidia de las otras madres, devora a los niños.

La representación zoomórfica de la figura femenina, común también a otros personajes mitológicos (como Melusina, Empusa, las arpías y las sirenas), será la base para que después se le achaque a las brujas la capacidad de transformarse en animales.

Todas estas figuras tienen, además de los atributos que se detallaron, una fuerte carga sexual más o menos evidente: ya sea que se les considere insaciables y lujuriosas (como a Lilith y Lamia), o ya se les tenga por vírgenes inalcanzables (como Diana), en todas ellas se manifiesta una conducta lejana a la que se espera de las mujeres. Éste será también uno de los rasgos definitorios de las brujas durante el renacimiento.

Las primeras brujas

En la historia de la brujería no se puede establecer una división tajante entre la edad media y la moderna, ya que su punto culminante se encuentra justo en la transición de una a otra; sobre todo, fue la acumulación de imágenes e ideas de muy diverso origen lo que fue consolidando la figura de este personaje (acumulación que se acentuó desde los orígenes del cristianismo y duró hasta finales del siglo XVIII). Se trata de una historia muy compleja en la que participan intereses religiosos, políticos y hasta económicos, mezclados con creencias profundamente arraigadas en la tradición oral; es también una historia donde la ciencia y la religión, el pensamiento y la práctica, el mito y la realidad se funden y confunden constantemente. Por si fuera poco, muchos pasajes de esta historia permanecen oscuros, porque hasta nuestros días sólo ha llegado la visión (siempre parcial) de quienes pudieron asentar por escrito sus ideas y testimonios sobre las brujas y la magia, supervivencias que ha sido necesario interpretar. Así, la información con la que contamos siempre estará incompleta, a pesar de la muy importante labor de antropólogos, sociólogos, historiadores y otros especialistas cuyas investigaciones nos han permitido conocer algo del papel que desempeñaron las creencias mágicas en la vida cotidiana de épocas antiguas. Sin embargo, aun con el viento en contra, vale la pena intentar un esbozo histórico de lo que se sabe de la brujería.

A medida que el cristianismo iba constituyéndose en religión dominante, empezó a atacar a las otras religiones. De la adoración a la madre tierra, a una divinidad femenina y de un culto manejado por mujeres, se pasó a una religión que adoraba al principio masculino, el sol, la luz. Se empezó a generar todo un pensamiento mágico-religioso que distinguía en primer lugar dos niveles: uno superior, el cielo, donde estaban el sol (lo masculino) y la luz (lo bueno); y otro inferior, en el que estaba la tierra (lo femenino), donde reinan la oscuridad

y la maldad. En segundo lugar se hallaba un subnivel, inferior incluso al de la tierra; allí sólo habitaba la muerte y los seres monstruosos: se trata del infierno. Ésta es la cosmogonía con la que se ingresa a la edad media.

Con el triunfo del cristianismo se produce la condena de todas las demás creencias: los antiguos dioses son comparados y tenidos por demonios y la magia se entiende como una pura representación del mal. Aunque evidentemente el concepto del demonio es muy anterior, fue durante la edad media cuando se creó la representación del diablo, amalgama entre el sátiro clásico y el dios cornudo de los pueblos paleolíticos primitivos, que lo caracteriza como una figura oscura y monstruosa, con cuernos, garras y un gran falo.

La edad media fue una época que reunió múltiples ingredientes para propiciar la aparición de toda suerte de creencias mágicas. Más que sentir consuelo con la promesa de salvación eterna, la población medieval se sentía amenazada por el infierno cristiano. Empezaron a buscar alivio en creencias que

les facilitaran la vida en lugar de hacérselas más dura. El diablo y sus atractivos ofrecimientos de riqueza material, salud, disfrute sexual y liberación de la rutina de la esclavitud feudal hizo su entrada triunfal. Surgieron grupos que dieron la espalda a la religión impuesta, a sus símbolos y sus representantes y se acercaron a todo lo opuesto. Ocurría que el sistema feudal y el absoluto dominio de la Iglesia, con el frecuente abuso de las clases privilegiadas, trajo consigo un gran descontento social, que se reflejó en diferentes reacciones y actitudes de los distintos grupos humanos afectados. Entre las reacciones está un intento de regreso al cristianismo primitivo (sin jerarcas oficiales), el surgimiento de herejías y el reavivamiento de viejos ritos paganos.

Empieza entonces un largo periodo de discusión entre teólogos y filósofos en torno a la brujería, que durará hasta bien entrado el renacimiento. Se discute sobre la idea del bien y del mal, los alcances de Dios y las limitaciones del diablo; se actualizan antiguas leyendas al tiempo que se reviven historias de autores clásicos como Luciano de Samosata y Apuleyo (siglo II), que se burlaban un poco de las supersticiones de su época. En particular se discute la existencia real de las brujas y la posibilidad de las metamorfosis en animales o del vuelo nocturno; o si en general se trata, como cree san Agustín, de ilusiones provocadas por el diablo. La idea del *ensueño* producido por intervención diabólica fue el parecer que sostuvo la Iglesia en la primera parte de la edad media. Pero más adelante, surgieron hombres que afirmaban vehementemente que todo lo que se decía sobre las hechiceras era real, que volaban y se transformaban efectivamente en animales.

En el siglo X ya se había generalizado la creencia de que había unas mujeres vinculadas al diablo, que se juntaban y hacían ceremonias a la diosa Diana, y que acompañaban a esta deidad en su vuelo montadas en animales. Pero fue hasta el siglo XIII cuando se asoció de manera definitiva a la bruja con el demonio y cuando se empezaron a mencionar las reuniones que éste preside. Comienza entonces la etapa en que más se habló en Europa de la brujería, la cual alcanzará su máximo punto en el siglo XV. Se habla ya de pacto, de rituales, de zoofilia. Esto coincide con el incremento de movimientos disidentes, contrarios a la Iglesia, como el de los valdenses (en los Alpes) o el de los cátaros (en el sur de Francia). Estos últimos defendían la idea del bien y el mal absolutos; identificaban el mal con toda obra terrena e incluían en este *paquete* incluso a la Iglesia y a los papas. Fue para acabar con estas y otras herejías (también con toda idea contraria a la considerada verdadera) que se fundó la primera Inquisición medieval,[6] en el año de 1184, por mandato del papa Lucio III. De ésta derivarán las demás inquisiciones europeas. Antes de seguir, conviene mencionar que hay muchas

6. La Inquisición primero fue de carácter episcopal, es decir, que dependía de los obispos de cada lugar. Más tarde, por mandato de Gregorio IX, se formó la Inquisición pontificia, que dependía directamente del papa.

relaciones entre la brujería y el catarismo, ya que también a los practicantes de esta doctrina se les acusaba de antropofagia y de entregarse a perversiones sexuales, principalmente la sodomía. Incluso, algunos ven en la palabra latina *cattus*, gato —animal brujeril por excelencia— la etimología de *cátaros*.

El final de la edad media, precisamente el llamado "siglo de transición", el siglo xv, puede considerarse el periodo en que quedaron completa y claramente definidos los atributos de las brujas. Es en el último cuarto de este siglo, en 1478, cuando los Reyes Católicos, Isabel de Castilla y Fernando de Aragón, establecen la Inquisición española, la cual ya no dependía directamente del papa, sino de una autoridad civil: la Corona.[7]

Con la bula (especie de decreto) *Summis desiderantes effectibus*, publicada por el papa Inocencio VIII en 1487, se declaró oficialmente la existencia de las brujas. Con este documento, dejan la mitología y la cultura popular para incorporarse al mundo de los manuales jurídicos y eclesiásticos. A partir de entonces comienza la proliferación de los tratados y manuales de inquisición que ocasionarán la persecución de las brujas en gran parte

7. En algunas partes de la península ibérica, sobre todo al norte, donde había más contacto con las herejías del sur de Francia, ya funcionaba el tribunal desde que Gregorio IX lo erigió en el siglo xiii.

de Europa. Entonces empieza también una historia llena de odios, abusos y obsesiones, con resultados realmente trágicos.

Es importante tener en cuenta un acontecimiento que modificará en gran parte la vida y el pensamiento de los primeros tiempos de la edad moderna: la Reforma y la consiguiente Contrarreforma. La Reforma puede entenderse como la ruptura de la unidad religiosa que se había mantenido durante la edad media europea. El movimiento fue iniciado por el monje agustino Martín Lutero en 1517 (y fue seguido luego por Juan Calvino). El motivo principal del conflicto se hallaba en la práctica papal de vender indulgencias, es decir, se vendía la salvación. Como reacción frente a este movimiento de protesta, la Iglesia Católica trató de garantizar una vigilancia más estricta de sus dogmas y de sus prácticas. Surgieron así tensiones entre los seguidores de Lutero y Calvino y los que permanecieron fieles a la Iglesia Católica. Las tensiones provocaron el surgimiento o radicalización de las posturas y generaron en la sociedad un sentimiento de desesperanza y de angustia que benefició la creencia en demonios, brujas, magos, astrólogos, profetas, místicos, etcétera.

La bruja y el diablo

Hemos visto que mitos antiguos y figuras legendarias de muy diversas épocas y lugares hablan de mujeres que mediante poderes sobrenaturales o conocimientos ocultos tienen la capacidad de dañar a las personas y a sus bienes, pero para que estas imágenes se consolidaran en una figura identificable fue necesario ligarla con el diablo. En cuanto se le atribuyó un poder no sólo mágico sino diabólico, fue posible hablar de la bruja, calificarla de hereje y castigarla.

La hechicera había sido una mujer con poderes sobrenaturales, que tenía un aspecto ambivalente en cuanto que podía hacer tanto el bien como el mal; se le temía, sí, pero también se recurría a ella para resolver problemas de todo tipo y sanar enfermedades. Entre finales del siglo XVI y principios del XVII, esta figura sufre una especie de polarización, es decir, la ambivalencia comienza a disolverse y a configurar dos personajes distintos: la bruja y la curandera. En la primera residirá todo lo negativo, lo maléfico; la otra conservará el aspecto positivo.

En esta época, las ideas dispersas sobre la magia, la hechicería y el maleficio, profundamente arraigadas en la cultura popular, fueron organizadas e inventariadas por las élites cultas (teólogos, predicadores, filósofos). Con esta *sistematización* la sociedad europea de los siglos XV a XVII contó con un chivo expiatorio a su medida, alguien que pudiera ser castigado sin importar cuál fuera en realidad el delito. Se distinguió, por otro lado, entre hechiceras, curanderas y charlatanas, las cuales siguieron una suerte menos cruenta, temidas algunas veces y respetadas otras, pero lejos de los tribunales y de la hoguera. Las brujas, en cambio, en tanto herejes y no sólo supersticiosas, no tuvieron esa suerte.

En el imaginario medieval y renacentista, la bruja era una mujer lujuriosa, con poderes o conocimientos ocultos —como la hechicera—, pero la gran diferencia era que había establecido un pacto con el diablo, a quien debía una obediencia ciega y con el que además tenía relaciones sexuales. Para el cristianismo, lo que separa a la bruja de la hechicera era, pues, esta relación maligna.

Ya al principio comentábamos por qué la mujer es más susceptible de caer en las garras de Satanás. Gaspar Navarro, en su *Tribunal de supersticion ladina*,[8] publicado en 1631 (folios 29v y 30r), narra lo que puede pasar por la ignorancia, la soberbia y la debilidad de la mujer que se deja seducir por el demonio. Cuenta que a una muchacha, muy piadosa y dada a la oración, se le apareció el diablo en forma de ángel de luz y le aseguró que si tenía relaciones con él, concebiría un hijo que nacería para el servicio de Dios. La muchacha, creyéndose una nueva virgen María, y sin tomar en cuenta que el arcángel Gabriel no hacía esas proposiciones deshonestas, accedió. Entonces, dice Navarro:

> Empezó a echar de ver que le crecía la barriga. Estando de esta suerte, la pobre se confesó a un ciudadano rico y honrado de aquella ciudad y le contó la historia de su milagroso embarazo, y le suplicó le permitiera, que en un rincón secreto de su casa pudiera parir. El prudente ciudadano, aunque no creía la ficción, ni tenía la revelación por buena, con todo, porque si le negaba su casa sería difamada, y porque no cayera el caso en bocas de herejes y se burlaran de la mujer, y de nuestra Fe, permitió que aguardara el parto en su casa. Llegó la hora, y empezó la desventurada a sufrir dolores, no de parto, sino de muerte por parir. Al fin parió, en vez de parir criatura humana, parió un grande montón de gusanos vellosos, de tan horrible figura, que pasmaban a quien los

---

8. El título completo es *Tribunal de supersticion ladina, explorador del saber, astucia y poder del demonio; en que se condena lo que suele correr por bueno en hechizos, agüeros, ensalmos, vanos saludadores, maleficios, conjuros, arte notoria, caualista, y paulina y semejantes acciones vulgares.* Para que quede claro de qué trata.

miraba, y echaban de sí tan terrible hedor, que no lo podían sufrir: de donde se colige que por su gran soberbia la engañó el padre de los engaños: Satanás.

En relación con lo anterior, podemos apuntar que ya cerca de nuestra época, cuando esta asociación entre la mujer y el demonio había dejado de obsesionar a todo el mundo, el escritor estadounidense Ambrose Bierce (1842-1914) decía, medio en broma, en su *Diccionario del diablo*, que las dos acepciones de *bruja* son:

1. Mujer fea y repulsiva, en perversa alianza con el demonio.
2. Muchacha joven y hermosa, en perversa alianza con el demonio.

En resumen: es la incorporación del diablo a los antiguos mitos de mujeres hechiceras lo que ligará las diferentes características de la bruja: sus poderes, su maldad, su capacidad de volar, sus reuniones; todo está relacionado con el diablo, y por lo tanto, va en contra de Dios.

Luego de un periodo de intensa cacería de brujas en Europa entre 1620 y 1630, comenzaron a aparecer los escritos que atacaban la forma y los procedimientos de los autos de fe que a tanta gente mandaban a la hoguera. Para la segunda mitad del siglo, la cacería prácticamente había desaparecido, aunque todavía se dieron casos aislados como el famoso juicio en Salem, Massachussets, en Estados Unidos, en 1692. Sin embargo, es hasta casi un siglo después, en 1793, cuando se ejecutó en Polonia a una bruja por última vez.

PERSECUCIONES Y VENGANZAS

¿Cómo identificar a una bruja?

Uno de los primeros teólogos que se encarga de teorizar sobre el fenómeno del pacto entre las brujas y el demonio es Johann Nider, en su tratado *Myrmecia bonorum seu formicarium ad exemplum sapientiae de formicis,* publicado en 1437. El libro se desarrolla a partir del diálogo entre el autor y un ignorante que tiene múltiples dudas religiosas. Junto con el *Malleus Maleficarum* de Sprenger y Kraemer (del que pronto nos ocuparemos en otro apartado por ser uno de los más famosos), el tratado de Nider será uno de los que más potenciarán la caza de brujas.

El español Pedro Ciruelo, en su tratado de las supersticiones (publicado por primera vez en 1541), dedica poco espacio a las brujas y fija su atención en las prácticas y ritos que considera supersticiones de gente ignorante. Sin embargo, con todo, no duda en atribuir el vuelo —ya ilusorio, ya real— al demonio.

Ante el resquebrajamiento de la Iglesia a causa de la reforma luterana, aquélla reacciona con un recrudecimiento en el ataque de todo lo que suene a herejía, de todo desvío de la conducta cristiana, incluyendo desde luego las que giran alrededor de la magia y la brujería, para lo que recurre a un viejo texto: *Directorium inquisitorum, El manual de los inqui-*

sidores, del catalán Nicolau Eimeric, y le encarga al español Francisco Peña la reedición y actualización del texto con las nuevas leyes, disposiciones, reglamentos e instrucciones que se han acumulado desde la muerte del autor del *Directorium.* El texto de Eimeric, escrito hacia 1376 por encargo de la Inquisición, reúne de manera sistemática y ordenada lo que otros autores, ya un poco anticuados, habían dicho,[9] pero además revisa, compara y confronta gran cantidad de textos jurídicos, bíblicos, conciliares y su propia experiencia, logrando con esto un perfecto manual que incluye todo lo necesario para el estricto ejercicio de su misión. La edición, muy enriquecida, que de este texto hizo Francisco Peña salió a la luz en 1578 y se llamó *In Directorium inquisitorum Nicolai Eymerici commentaria.* Se convirtió en un libro imprescindible para cualquier inquisidor y base de muchos manuales posteriores.

A finales del siglo XVI y a principios del siglo XVII, en un momento en el que la Inquisición española se muestra más cauta con respecto a los asuntos relacionados con la brujería, la adivinación, la hechicería, los maleficios y la nigromancia, surge el tratado *Disquisitionum magicarum libri VI,* escrito en 1599 pero ampliado y modificado por su autor en 1612. La obra se debe al jesuita e inquisidor, teólogo y humanista Martín del Río, quien sorprende tanto por su erudición como por su credulidad con respecto a la magia y sus manifestaciones.[10] Para Del Río —un hombre al que su inquietud e interés intelectual le hacen fijarse en la magia y dedicar gran parte de su vida a estudiarla— la proliferación de herejías beneficia la

---

9. Entre otros, el *Consultationes ad inquisitories haereticae pravitatis,* de Gui Foucoi, los trabajos de Guillaume Raymond, Pierre Durand, Bernard de Caux y Juan de Saint-Pierre, y la *Practica officii Inquisitionis,* de Bernard Gui, escrita como cincuenta años antes.

10. Entre otras cosas, cree que el luteranismo triunfa en Alemania al ser éste un territorio infectado de brujas y, por lo tanto, preparado para la difusión de la herejía y la pronta venida del Anticristo.

difusión de las actividades mágicas. Este tratado, como sucede también con el *Malleus Maleficarum*, es tan minucioso que un contemporáneo de Martín del Río, el padre dominico Tomás Maluenda, declaró en algún momento que el *Disquisitionum magicarum libri VI* debería estar prohibido, porque con el pretexto de combatir la magia, la enseña.

El texto de Martín del Río, admirado por unos y odiado por otros, marca un antes y un después en los tratados de magia. A partir de su publicación, los filósofos y teólogos comienzan a plantearse lo que realmente se puede creer con respecto al diablo y sus manifestaciones. Empieza a producir cierta extrañeza el hecho de que una persona con tantos estudios como Del Río pueda creer en opiniones que por muchos ya eran tenidas por supersticiones vanas. Los autores que siguen tratan de interpretar la realidad a partir de una base más racional y lógica, y de ahí surge el *Discurso acerca de los cuentos de las brujas*, de Pedro de Valencia. La importancia de este autor, dentro del pensamiento de su época, radica en que fue uno de los primeros en apoyar la corriente escéptica y sensata que a principios del siglo XVII comenzó a ganar terreno. En sus planteamientos sobre la hechicería, Pedro de Valencia se adelanta en varios siglos a muchas de las explicaciones modernas. Su discurso, dirigido al inquisidor general, colaboró para acabar, al menos en España, con la quema de brujas.

El «Martillo de las brujas»

Los tratados sobre magia se alimentan de los procesos inquisitoriales y viceversa: los procesos se basan en lo que dicen los
tratados para identificar y castigar a las brujas, con lo que se
formó un círculo vicioso. Revisaremos como ejemplo ilustrativo de este círculo el más célebre de los manuales de brujería, el
Malleus Maleficarum o *Martillo de las brujas,* así como algunos
procesos[11] en los que veremos cómo se aprovechaba el manual
para juzgar a las acusadas de ser brujas.

Esta obra —que en su traducción castellana lleva el suge-
rente subtítulo "Para golpear a las brujas y sus herejías con
poderosa maza"— es el libro básico para que los inquisidores
puedan reconocer a una bruja. Fue escrito por los dominicos
Heinrich Kraemer (o Institor, por la traducción de su nombre
al latín) y Jacob Sprenger. Ambos eran inquisidores y escribie-
ron la obra por encargo del papa Inocencio VIII. El *Martillo*
tuvo un enorme éxito editorial en su época y es el tratado de
demonología más famoso y de mayor influencia de los de
su tipo. Su aparición, en 1486, significó de alguna manera el
retrato final de la bruja, con todas sus características.

En realidad no dicen nada nuevo: todo lo toman de las
Sagradas Escrituras y de lo que dijeron otros antes que ellos, por
lo que se trata de *conocimientos* ya fijos por la tradición y no de
innovaciones. El libro estaba dirigido fundamentalmente a los
predicadores y los inquisidores para que supieran qué era eso de

---

11. Los procesos de los que hablaremos son los que se dieron en España; a pesar de la *leyenda negra* que durante mucho tiempo cubrió a la
Inquisición española y sus prácticas, ésta fue de las más benévolas con
las brujas; sobre todo si se le compara con el rigor empleado en otros
países de Europa (principalmente Alemania y Francia). Ponemos de
ejemplo estos procesos porque es la concepción de la brujería en España la que traerán los conquistadores a América y la que llegará hasta
nosotros luego de mezclarse con prácticas prehispánicas.

la brujería y pudieran trasmitir al pueblo este conocimiento, con intención de que la gente la odiara; y así, no sólo la evitaría, sino que la denunciaría si llegaba a enterarse de que alguna persona la ponía en práctica. Los autores del *Martillo* argumentaban que muchas veces los encargados de guardar la fe no comprenden bien cómo actúan el diablo y las brujas y por lo tanto no las castigan como debían, ocasionando con eso la proliferación del mal. Incluso dicen que el diablo y las brujas no tienen mucha necesidad de ocultar sus crímenes, ya que "serán dejados impunes por hombres *afeminados*[12] que no tienen ningún celo de la fe".

El tratado consta de tres partes. La primera plantea la existencia de las brujas basándose para ello en la teología o estudio de lo divino y sus atributos; una segunda, la más amena, habla de la propia experiencia de los autores en su contacto con las brujas; en esta parte, los autores incluso aderezan sus testimonios con relatos de diversos orígenes con el objetivo de demostrar o ejemplificar lo dicho en la primera parte. La tercera parte es más bien un *manual del perfecto inquisidor,* en el que se muestra cómo interrogar, las torturas que conviene aplicar y qué hacer en el caso de tener una bruja confesa en las manos.

A lo largo de todo el tratado, los autores insisten constantemente en el aspecto sexual de la brujería. Para ellos es precisamente el placer carnal, el sexo desbordado, la manifestación máxima de herejía contra un dios caracterizado por la pureza y la espiritualidad.

> En muchos sentidos, podría decirse que el *Malleus* es un tratado sobre las debilidades del cuerpo, un desmesurado ataque contra los placeres sexuales de las llamadas brujas, que no hacen sino poner al descubierto los placeres de la mujer en general; pero más concretamente aún, el *Malleus* desenmascara las fantasías eróticas de los hombres que los describen.

12. Nótese el adjetivo que utilizan para referirse a los que no se aprovechan de toda su fuerza y todo su poder para exterminar a las brujas.

Algunos de los testimonios que los autores del *Malleus* incluyen realmente llegan al absurdo. Va un ejemplo:

> Finalmente queda la cuestión del juicio que nos merecen esas brujas que por este medio coleccionan miembros viriles en gran número (veinte o treinta) y van a colocarlos en los nidos de los pájaros o los encierran en cajas donde continúan moviéndose como miembros vivos, comiendo avena o alguna otra cosa, tal y como algunos lo han visto y la opinión común lo relata [...] Un hombre relata que había perdido su miembro y que para recuperarlo había recurrido a una bruja. Esta mandó al enfermo trepar a un árbol y le concedió que cogiera el miembro que quisiera de entre los varios que allí había. Cuando el hombre intentaba tomar uno grande, la bruja le dijo: No cojas ése, porque pertenece a uno de los curas.

Esto último hace referencia a un elemento de muchos chistes verdes, cultos y populares, de la época, que trataban de las cualidades amorosas de los curas. Resulta muy curioso que a pesar de la seriedad con la que tratan todo el asunto, los autores no duden en insertar este *testimonio* en su manual.

Para mostrar lo que los tratados y la inquisición lograron con toda esta teoría sobre las brujas, hablaremos de dos de los procesos de brujería más famosos y más documentados de la España de la época (entre el paso del siglo XVI al XVII): el de las brujas de Navarra y el proceso de Logroño. Después de revisar estos casos nos referiremos a un proceso similar a éstos ocurrido en la Nueva España, reflejo —o imitación— de los españoles.

Las brujas de Navarra

Navarra es junto con la Rioja y el País Vasco una de las zonas *clásicas* de la brujería española. Allí, en el año de 1527, la confesión voluntaria de dos niñas de once y nueve años desató un proceso en el que terminaron involucradas más de 50 personas. Estas niñas confesaron ser *xorguinas* y tener la capacidad de reconocer a otras brujas por una pequeña marca con forma de sapo diminuto debajo del ojo. Las mujeres a las que se interrogó al respecto confesaron  haber tenido trato con el diablo, que unas veces se presentaba bajo la forma de un muchacho guapo y fornido, y en otras ocasiones con la forma de un macho cabrío negro. Afirmaron haber celebrado con él grandes aquelarres en los que bailaron al son de un cuerno luego de haber usado ungüentos y haber volado por los aires. Para comprobar esto, se dice que el "juez pesquisidor" prometió el indulto a una de las brujas si en su presencia, y con todo el pueblo de testigo, ella volaba. La bruja aceptó y parece que fue encontrada unos días después en un campo inmediato. Con tales pruebas, las brujas acusadas fueron condenadas a ser azotadas y encerradas en la cárcel.

El proceso de Logroño

En noviembre de 1610, tuvo lugar en Logroño el más célebre de los autos de fe relacionados con la brujería ejercido por el Tribunal de la Inquisición española. En este proceso, también conocido como el de *Las brujas de Zugarramurdi,* porque muchas de ellas pertenecían a esta localidad de Navarra, más de 300 personas —hombres y mujeres, niños y ancianos— fueron involucradas en acusaciones de prácticas brujeriles y más de 30 de ellas fueron llevadas a Logroño para ser juzgadas y condenadas a diferentes penas. Once de los acusados acabaron en la hoguera, ya sea en persona o en efigie.[13] En la relación de este proceso se detallan las actividades de las brujas y sus reuniones. Para Jules Michelet se trata de "un sabbat"[14] detallado, curioso, pero uno de los más enloquecidos que puedan leerse, pues "en el banquete, como primer plato, hay picadillo de niños"; enseguida se sirve "la carne de un brujo desenterrado" y Satanás, "que conoce su mundo, guía a los convidados llevando, a manera de antorcha, el brazo de un niño muerto sin bautizo". Como veremos, todo esto no son más que lugares comunes o *clichés* que circulaban desde siempre entre la gente y que al ser relatados desde los púlpitos de las iglesias, en los sermones y en impresos de todo tipo, lograron en esta ocasión llevar a la población a una verdadera histeria colectiva en la que los niños acusaban a sus padres, los padres a sus hijos, los maridos a sus mujeres, ellas a sus vecinos, los vecinos a sus amos, los amos a sus rivales, llegando incluso los inquisidores a

13. Cuando por alguna razón —porque se escapó y ya no lo encontraron, pero frecuentemente porque murió durante el proceso— no se podía castigar en persona al condenado; entonces hacían un muñeco que lo representara y a éste se le quemaba en la hoguera.

14. El sabbat, como veremos más adelante, es la reunión de las brujas, casi siempre presidida por el demonio, en la que se come, se baila y se da rienda suelta a todo lo prohibido.

acusarse entre ellos; lo que provocó que en un momento dado, pueblos enteros desconfiaran hasta de su propia sombra.

La gran importancia que tuvo este proceso —quizá el más cruel de los que se dieron en España— se debe a que provocó que las autoridades involucradas se enfrentaran entre ellas, y mientras algunos consideraban que habían actuado con el celo y el profesionalismo adecuados a la situación, otros, principalmente el inquisidor Alfonso de Salazar y Frías, demostraron que se había actuado con un exceso de credulidad y que sin las pruebas más elementales se había torturado, encarcelado y matado a inocentes. Durante la investigación que siguió al auto de fe, aparecieron testimonios desconcertantes de cómo se armó el proceso. He aquí uno de ellos:

> En la villa de Vera, entre otras que hay que claramente se volvieron a desdecir, hay dos hermanas que por la mucha importunación de sus deudos y fuerza que su padre las hizo hasta ponerles varias veces un puñal en los pechos, desnudándolas, que dijeron una larga confesión toda maquinada y fingida, y ahora lo lloran con hartas lágrimas continuamente.

Este proceso despertó la reacción de humanistas como Pedro de Valencia, quien criticó el procedimiento inquisitorial al grado de que acabó con la condena a muerte de brujas en España.

Las brujas de Coahuila

En la Nueva España también tuvimos nuestra propia caza de brujas, si bien no tan imponente como la de España y muchísimo más ligera que las llevadas a cabo en el resto de Europa. Bien decía Julio Jiménez Rueda en sus apuntes a la *Historia del tribunal del Santo Oficio de la Inquisición en México* (de José Toribio Medina, 1905):

> Hay un detalle que merece ser señalado: en México no se ajustició ni por el fuego ni por el garrote a una bruja mientras en Alemania diez mil perecieron en la hoguera y en las colonias de la Nueva Inglaterra en una sola ciudad fueron ajusticiadas más de trescientas.

Sin embargo, no porque no se haya matado a ninguna bruja se puede decir que no existió la brujería en la época del virreinato. Sí hubo muchos procesos que, además, tenían la particularidad de mezclar los atributos ya conocidos de las brujas europeas con los ritos mágicos prehispánicos; se creó así una forma de magia mestiza muy interesante. Como ejemplo hablaremos del caso ocurrido en Coahuila entre 1748 y 1751. Se trató de una cacería de brujas que involucró a alrededor de 60 personas y que culminó con el encarcelamiento de 27 de ellas, casi todas mujeres. Los detalles de este proceso se conservan en el Archivo General de la Nación de México, en el volumen 827 del ramo Inquisición. Veremos cómo en este proceso aparecen todos los elementos de los que hemos venido hablando. Y veremos también cómo son los mismos inquisidores quienes poco a poco van dirigiendo el proceso para que tales elementos aparezcan. Hay hechizos, magia erótica, maleficios, un vuelo de las brujas y la asistencia al aquelarre.

El asunto comenzó con el hallazgo —*macabro,* escribirían los periodistas de nota roja actuales— de una bolsa de mujer en cuyo interior se hallaban diversos objetos sospechosos.

[En la bolsa se halló] un atado con una piedra imán envuelta en unos cabellos llena de limadura; otro envoltorio de otros cabellos distintos y en ellos varios pedacitos de hierba; otro envoltorio con cabellos liados con un hilo y dado muchos nudos, y entre estos metido un fistol grande con dos pedazos de raíz de hierbas; y otro envoltorio de muchos papelitos cortados de distintas formas envueltos en un pedacito de raso verde.

Averiguar qué eran los objetos extraños, quién los había puesto allí, para qué servían y cómo se usaban dio lugar a un largo proceso en el que mucha gente del pueblo quedó implicada y vinculada a la brujería. Las tres protagonistas del proceso son María Hinojosa, Josefa Iruegas e India Frigenia. Aunque en un principio, el proceso se enfoca en el uso de hierbas, a medida que las preguntas de los inquisidores se vuelven más precisas, poco a poco las respuestas de las interrogadas son conducidas hacia la brujería: se habla de pacto con el diablo, por escrito, del vuelo y el aquelarre. Éstos son los hechos.

En medio de una calle de Monclova, el teniente del presidio de la villa, don Felipe Joaquín de Iruegas, y Martín Tijerina encuentran la bolsa. Inmediatamente van con el cura de la villa, que al ver los extraños objetos, enseguida decide que son "inumerables variedades de maleficios" y gira el caso a la Inquisición local.

En la investigación se descubre que la bolsa pertenece a una mujer española llamada María Hinojosa. Al ser interrogada, esta mujer dice que el imán es suyo y los cabellos pertenecen a "Pedro Xavier". Afirma la mujer que se trataba de un hechizo para lograr que el hombre la quisiera. El resto de los objetos son diferentes hechizos que una mujer llamada India Frigenia había preparado para Josefa Iruegas, quien deseaba *maleficiar* al sastre Joseph Antonio. Es esta mujer, Josefa Iruegas la que explica el propósito de cada uno de los extraños objetos. Afirma que la "vara de cabellos con yerbas" estaba hecha

con los cabellos de un soldado del presidio de Santa Rosa, Bruno Herrera. El "fistol con hierbas y cabellos" era también para que María Hinojosa atrajera a Pedro Xavier. La "vara de cabellos y la raíz" estaba hecha con los cabellos de un sastre a quien ella quería atraer y para lo cual había confeccionado la vara.

Por estas declaraciones, podemos deducir que en principio se trataba de "magia erótica" (tal y como la ha calificado Julio Caro Baroja). Todos los objetos y sujetos implicados están vinculados a motivos pasionales.

Pero más adelante, por voluntad propia o por instigación de los inquisidores, todas estas mujeres confesaron que estaban planeando una venganza contra el mismísimo gobernador y su gente, porque, en primer lugar, habían desterrado de la villa al amante de Josefa Iruegas, pero además, dicen las mujeres, porque el gobernador "celaba mucho la honra de Dios". Las mujeres admiten que actúan contra el poder político y contra la religión, con lo que ya estamos hablando de un delito mucho más serio que el de la pura superstición. Por las declaraciones se deduce que Manuela de los Santos es la "maestra" de brujería, mientras que India Frigenia lo es de hechicería.

Para dañar al gobernador, cuentan que un viernes en la noche, Manuela de los Santos, Frigenia y sus discípulas se reunieron e invocaron a Lucifer, al que le pidieron que destruyera la villa. El diablo, entonces, les prometió que mientras estuviera ese gobernador no se darían las cosechas. Al sábado siguiente, afirman que cayó una fuerte granizada, que afectó severamente el campo.

Ya sin reparos, en las declaraciones empiezan a aparecer otros maleficios típicos, como el que le hizo Manuela de los Santos a Francisco Sánchez por medio de un hueso de muerto vestido de rojo (el hueso) al que llenó de espinas de nopal; con esto logró que el maleficiado padeciera extraños dolores más de un año.

En el proceso se ve la dificultad por parte de los inquisidores de definir quiénes son brujas y quiénes hechiceras. Pero la aparición del pacto con el diablo dio la base legal para hablar de brujería y ya no sólo de la práctica cotidiana de usar hierbas y proferir conjuros más o menos maléficos. Los pactos diabólicos solían hacerse por escrito (como viene reseñado en los escritos de san Agustín), y desde el siglo IX esta modalidad se hallaba totalmente difundida en la Europa occidental. En los procesos inquisitoriales novohispanos podemos encontrar a veces las cédulas en las que la gente promete su alma al diablo a cambio de algún beneficio.

Los pactos escritos son una especie de contrato entre el humano y el demonio, mediante el cual, el segundo se compromete a satisfacer la petición del pactante durante un tiempo determinado; a cambio, la persona promete su servidumbre incondicional y la entrega de su alma cuando muera. En el proceso que nos ocupa, la descripción de esta ceremonia tiene algo de extravagancia humorística: Josefa Iruegas declara que, a instancias de Frigenia, se fue a un sitio a la salida del pueblo y ahí llamó al diablo, que llegó montado en un caballo negro. Ella planteó su petición y el diablo le dijo que antes tenía que hacer la escritura donde se comprometía a entregarle su alma para siempre. Ella le regatea, pues le dice que sólo se la da por cuatro años, no más. Al parecer el diablo acepta y saca un cuaderno, se baja del caballo y, apoyándose en una pierna, se pone a escribir el contrato (cosa rara, porque generalmente es el pactario quien lo escribe). Cuando acaba, le dice a la mujer que firme, pero ella le sale con que no sabe y es el mismo diablo el que tiene que firmar por ella. Curiosamente, esto se parece a lo que ocurre en los procesos de la Inquisición, porque en la

mayoría de las declaraciones que encontramos en los archivos sucede que, luego de leer la declaración del interrogado, como éste no sabe firmar, el mismo inquisidor que lo interroga firma por él. Al parecer, si para la inquisición era válido el documento así firmado, para el diablo también.

En la declaración de otra mujer, María Borrega, su pacto funciona de manera similar: ella va con Manuela de los Santos a la orilla del río, donde hay una cueva. En ella se encuentra al diablo en la forma de un hombre vestido de rojo y con la cara "prieta". El demonio le dice que tiene que "hacer escritura de su alma" para siempre. Como en el caso anterior, ella dice que no se la da por más de seis años. El diablo saca un pedazo de cuerno y un carboncillo y elabora la escritura. Como ella no sabía firmar, le pide al diablo que firme por ella.

En el proceso de las brujas de Coahuila tampoco falta el aquelarre y el vuelo. Declara Manuela de los Santos, una de las "maestras", que se juntan en el "Cárcamo del molino del Cura". Cuando llegan, dice, Lucifer esta ahí sentado esperándolas y, a medida que se van juntando, también van pidiendo licencia para dirigirse al sitio que el mismo Satanás les ha ordenado. Con la venia, se van todas a una casa sin techo de María Hinojosa. Ahí hay un chivo negro al que las mujeres, una a una, le besan la parte posterior, para luego acostarse. Más tarde a cada una se le mete un guajolote por entre las piernas y al grito de "De villa en villa sin Dios ni santa María", emprenden el vuelo. Dice que se untan con sebo de víbora amasado con azufre y almizcle. Con estas declaraciones queda completo el estereotipo brujeril.[15]

El caso de las brujas de Coahuila es muy ilustrativo para observar cómo muchos de los detalles consignados por los procesos europeos se repiten de este lado del Atlántico, apenas con algunas adaptaciones que responden al contexto de una ciudad fronteriza de la Nueva España. Es decir, los detalles se adaptan a un lugar donde lo poco que se sabía sobre las brujas era gracias, precisamente, a los inquisidores, quienes por lo regular dirigían sus interrogatorios hasta que lograban poner en boca de las acusadas el esquema completo que aparece en los manuales y en los procesos conocidos.

Basta con estos ejemplos, porque en realidad todos los procesos resultan muy parecidos en sus detalles y desarrollo.[16] Con ellos es posible mostrar que las ideas preconcebidas de los inquisidores se imponían y eran adoptadas por los interrogados, quienes además tenían en los sermones de la iglesia lecciones sobre el mal que aprendían y que con el tiempo asumieron como si se tratara de prácticas propias.

---

15. Ya veremos más adelante, al hablar del vuelo de las brujas, que conjuros como éste o muy similares aparecen en los cuentos populares.

16. Dice el filólogo Menéndez Pelayo en su *Historia de los heterodoxos españoles*: "Fuera empresa fácil, pero no sé hasta qué punto útil, reunir noticias de procesos de brujería. Hay en todos ellos una fatigosa monotonía de pormenores, que quita las ganas de proceder a más menuda investigación. En España, la escasez los hace algo más estimables".

buscada

s máscaras de calaveras están los rostros de las
ico:
estro
el fo
iver
ad,
ncis
e es prestarnos sus oios para poder ver meior v

52-5) 657-24-64

52-5) 657-07-47

LA BRUJA: SEÑAS
DE IDENTIDAD

En el recorrido histórico que hemos realizado, hemos visto cómo se fueron incorporando ideas y elementos dispersos hasta conformar la figura de la bruja. También hemos leído cómo los inquisidores y demonólogos contribuyeron para dejar impreso el estereotipo que permite identificar a este personaje y sus actividades. Tenemos ya su *retrato oficial*. Veremos ahora con un poco de detalle cada uno de estos elementos: su relación con el diablo, el aquelarre, el vuelo, la antropofagia y la transformación en animales. Siguiendo el estilo de los tratados, ilustraremos estas actividades con casos específicos y relatos que se transmitían de viva voz.

El aquelarre

A las brujas se les acusa de no actuar solas. Si bien generalmente son mujeres solitarias, apartadas de su comunidad, tienen, en cambio, relaciones con otras de su tipo. Es decir, las brujas pertenecen a cofradías, lo que ahora calificaríamos de crimen organizado. Esta tendencia a reunirse y el pacto diabólico serán los elementos más importantes para calificar a la bruja y para justificar su persecución. No es lo mismo una mujer que hace hechizos entre sus amigos y enemigos

locales, por pequeñas rencillas, que un grupo organizado, ado-
rador del diablo, cuya misión en la tierra consiste en acabar con
la Iglesia.

A las reuniones de las brujas, en las que también participan
brujos, pero generalmente en menor medida, se les conoce con
diferentes nombres: en Inglaterra se les llama *conventículos*
(palabra que significa *pequeña junta*, *asamblea* o *congregación*,
en particular la que se hace para conspirar). También se les

conoce como *sabbath,* nombre que puede hacer referencia al sábado hebraico, el día consagrado a Dios, ya que a finales de la edad media los judíos y sus ritos se consideraban el colmo de la perversión, por lo que fue fácil trasladar el concepto a las brujas. Muchos estudiosos no están de acuerdo con esta interpretación y proponen otros orígenes: uno de ellos es que deriva de *Sabatius,* una divinidad frigia identificada unas veces con Zeus y otras con Dionisos. Hay también quien opina que el término viene de la expresión francesa *s'ébattre,* que alude a la alegría, a una especie de danza erótica frenética; cualquiera de las versiones del origen de la palabra (o todas a la vez), nos hablan de lo que implica la reunión de brujas: un rito no cristiano (y en el último caso se suma además el hecho de estar cargado de erotismo). Sin embargo, quizá el término más difundido para referirse a estas reuniones, sobre todo en España, es el nombre vasco de *aquelarre,* que viene de *aker,* "macho cabrío" y *larre,* "prado", "campo", en referencia a la figura que preside estas reuniones, el diablo, generalmente en su forma de macho cabrío.

El concepto de esta palabra del euskera —la lengua hablada por los vascos— tiene sus antecedentes también en la mitología grecorromana, en particular en la figura de Dionisos, dios del vino, y su séquito. Este dios, a quien a veces se le representa como un animal cornudo (o por lo menos va acompañado por uno), suele estar rodeado por un grupo de mujeres que sirven el vino y bailan frenéticamente, como en trance, a su alrededor. Las representaciones de estas mujeres, llamadas ménades —que significa *mujer loca*—, se caracterizan por su movimiento de danza y su familiaridad con los animales salvajes. En algunas representaciones aparecen bailando y uniéndose a sátiros —seres en permanente erección y de sexualidad insaciable—, que también típicamente formaban parte del séquito de Dionisos. Poniendo a las brujas en el lugar de las ménades y a los íncubos (demonios masculinos) en el lugar de los sátiros, tenemos perfilado el aquelarre.

Las descripciones sobre los aquelarres varían según los tiempos y lugares; unas son repugnantes y otras rayan en lo cómico, pero coinciden en varios puntos, como veremos enseguida. Son reuniones casi siempre presididas por el diablo (con forma de animal con cuernos, desde luego), al que brujas y brujos le rinden homenaje a medida que van llegando (frecuentemente los honores consisten en besarle el trasero). Ya reunidas, estas mujeres maléficas (y a veces también los hombres) rinden cuentas de los daños efectuados y los que tienen planeados. A veces se comen a algún bebé robado para tal propósito o hacen sacrificios humanos o animales; a continuación presentan a los novicios, es decir, a quienes desean iniciarse en las prácticas brujeriles. El diablo da su visto bueno a los aprendices, reparte algunas instrucciones, da órdenes y luego todos se ponen a bailar alrededor de la hoguera. La fiesta termina poco antes del amanecer en una gran orgía, donde pueden ocurrir las peores perversiones.

Los aquelarres tienen lugar en claros del bosque, cruces de caminos (que, como hemos dicho, también son lugares prefe-

ridos por el diablo para aparecerse), viejas iglesias o ermitas abandonadas o cualquier lugar solitario. Se considera que a veces esos lugares pueden ser reconocidos porque en ellos no crece el pasto o porque las personas que pasan por ahí pierden la memoria.

Estas reuniones suelen comenzar a partir de las doce de la noche y terminan poco antes del alba, puesto que los rayos del sol acaban con los efectos mágicos que permiten el vuelo brujeril. Se han narrado casos de brujas encontradas desnudas en medio del campo pidiendo a los caminantes algo con qué taparse para regresar, a pie, a su casa.

La periodicidad con la que se celebran los aquelarres es variable. Se considera que tienen una gran reunión anual que coincide con el solsticio de verano (la víspera de la fiesta de San Juan). Pero también semanalmente había reuniones locales. En cuanto al día de la semana no hay consenso: en algunos sitios afirman que era los jueves y en otros, que las brujas preferían el viernes por la noche.[17] También se dice que se reúnen los días de la semana que no tienen *r* (al menos en español): lunes, jueves, sábados y domingos.

En muchos sentidos los aquelarres funcionan como una misa al revés. En ellos, obviamente, está prohibido mencionar siquiera el nombre de Dios. A propósito de esto, existe un relato que no deja de tener su lado cómico:

> La esposa, bruja, atiende las súplicas de su marido y le conduce por los aires a una reunión de brujas. Existe el propósito de servir a todos una espléndida cena, pero no pueden preparar la comida porque la bruja que ha de llevarles la sal todavía no ha llegado. Se impone una espera insoportable y cuando el novicio está a punto de desfallecer, llega por fin la bruja.

17. Tendría más sentido que la reunión tuviera lugar el viernes en la noche, si se le conoce como *sabbath*, ya que el rito judío comienza al anochecer del viernes.

"¡Gracias a Dios!", exclama el hombre, palmoteando jubilosamente. Las brujas no pudieron impedirlo. Ni siquiera la que estaba más cerca pudo taparle la boca a tiempo. Inmediatamente después de pronunciadas estas palabras, y luego de un breve terremoto, las brujas se desvanecen. El novato, amedrentado, se oculta detrás de una cuba y espera a que alguien venga a sacarle de su refugio.

El vuelo nocturno

Muy ligado al concepto del aquelarre está el del vuelo de las brujas; es normalmente volando como pueden llegar a sus reuniones en lugares muy distantes. Es universalmente aceptado que las brujas prefieren como medio de transporte la escoba, un artículo asociado a la mujer, aerodinámico, que además tiene la ventaja de tener lugar para un copiloto, frecuentemente un gato negro. Probablemente el uso de la escoba por parte de las brujas tenga su origen en los mismos cultos dionisiacos que vimos antes, ya que el emblema de Dionisos era un tirso, que es un bastón con unas ramas amarradas. También las acompañantes de Baco (el equivalente romano de Dionisos) acostumbraban llevar ramas. Mucho se ha escrito sobre esta capacidad de volar. Como ya vimos, varias de las figuras de las que se tomaron aspectos para configurar al personaje de la bruja tenían esa habilidad: Lilith, Lamia, Hécate, Diana —en una interpretación posterior—, etcétera. Uno de los elementos que se repite constantemente en las referencias al vuelo tiene que ver con la utilización de ungüentos que se aplican ya sea en el cuerpo o en la escoba. Se supone que la preparación de este ungüento es la razón por la cual las brujas roban niños, ya que su sangre o su carne constituían un ingrediente indispensable. Los otros ingredientes[18] eran plantas como la belladona, la mandrágora, la cicuta y el beleño, además de animales, entre los que destaca el sapo;[19] curiosamente todos estos ingredientes tienen propiedades narcóticas, que van desde la somnolencia hasta la alucinación.[20] De ahí

18. El médico jefe del papa Julio III (1549-1555) probó uno de estos ungüentos en una mujer y observó que se quedó dormida por 36 horas durante las cuales sufrió de frecuentes alucinaciones.

19. La piel de algunos sapos, comunes en Europa, contiene una sustancia tóxica llamada *bufotalina*, que puede provocar alucinaciones.

20. Dice López Ibor: "Se conoce la fórmula de diversos ungüentos que utilizaban las brujas antes de emprender su «viaje» al aquelarre. Con-

que sean muchos los tratadistas que, ya desde finales de la edad media, afirmaban que el *viaje* por los aires era puramente mental. Había otros demonólogos que afirmaban que las brujas no viajaban sino que se quedaban dormidas —"como muertas", suelen decir los testigos— y era el demonio el que las hacía participar "en espíritu" en aquelarres y les revelaba secretos. Por último, estaban los que sí creían en el vuelo efectivo de las brujas, *in corporis*,[21] gracias a los ungüentos, el poder del diablo y la pronunciación de un conjuro. Así lo explica el doctor Pedro Ciruelo, en su tratado escrito en 1541:

> A esta nigromancia pertenece la arte que el diablo ha enseñado a las brujas o xorguinas, hombres o mujeres que tienen hecho pacto con el diablo: que untándose con ciertos ungüentos y diciendo ciertas palabras van de noche por los aires y caminan a lejanas tierras a hacer ciertos maleficios. Mas esta ilusión acontece en dos maneras principales: que horas hay que ellas realmente salen de sus casas, y el diablo les lleva por los aires a otras casas y lugares; y lo que allá ven, hacen y dicen pasa realmente así como ellas lo dicen y cuentan. Otras veces ellas no salen de sus casas, y el diablo se reviste en ellas de tal manera que las priva de todos sus sentidos, y caen en tierra como muertas y frías. Y les representa en sus fantasías que van a las otras casas y lugares, y que allá ven y hacen y dicen tales y tales cosas. Y nada de aquello es verdad aunque ellas piensan que todo es así como ellas lo han soñado, y cuentan muchas cosas de las que allá pasaron. Y mientras ellas están así caídas y frías, no sienten más que muertas: aunque las azoten, y hieran y quemen, y les hagan

tienen todos ellos plantas alucinógenas. Las brujas se untaban todo el cuerpo pero insistiendo en las caras internas del codo y rodillas, así como en las partes más finas de su piel. La absorción de las drogas proporcionaba alucinaciones que explicarían esos famosos «viajes»".

21. En cuerpo, de manera corpórea.

cuantos males puedan por acá de fuera en el cuerpo; mas pasadas las horas de su concierto con el diablo, él las deja y les suelta los sentidos y se levantan alegres y sanas y dicen que han ido acá y acullá, y cuentan nuevas de otras tierras.

El tema del vuelo era, de todos los atributos de la bruja, el que más se prestaba a discusión y el que hacía más increíble la existencia de las brujas para los escépticos. En la tradición popular hay cuentos que giran alrededor de esta característica típica de las brujas, como los que recopiló de la tradición oral Aurelio Espinosa a mediados del siglo pasado. Tomemos como ejemplo el siguiente:

Ésta era una bruja de Córdoba que vivía en la calle de San Lorenzo, número veinte. Y toditas las noches de los jueves y los sábados sacaba mantequilla de un pucherito que tenía y se untaba debajo de los sobacos. Y entonces iba y se ponía en el alféizar de la ventana y decía:

—Sin Dios ni Santa María, de villa en villa —y con ésa se salía volando por el aire y andaba por toda la ciudad haciendo sus maldades.

Y la vieja bruja tenía una nieta que oyó un día la conversación y vio lo que hacía la bruja. Y cuando ya la abuela se había ido, va la chica y saca mantequilla del pucherito y se unta debajo de los sobacos y en lugar de decir "Sin Dios ni Santa María, de villa en villa", dijo:

—Con Dios y Santa María, de viga en viga.

Y en seguida empieza la pobre chica a dar volteretas en el techo hasta que se rompió la cabeza y cayó medio muerta.

Y cuando llegó la vieja bruja recogió a su nieta y la acostó.

Y con su brujería la estuvo curando hasta que la curó del todo, y entonces le enseñó a su nieta cómo ser bruja de verdad.

De este relato sobre la bruja de Córdoba se pueden encontrar otras versiones en varios pueblos de España. Vemos que incluye el conjuro utilizado por las brujas de Coahuila, además de ser casi idéntico a un caso registrado en el tribunal del Santo Oficio de México en 1735. El caso ocurrió en el pueblo de Ayo el Chico, donde una muchacha española llamada Juana Teresa Gómez, de 15 años, casada, denunció que su madre, María Gómez, y una india llamada Leonor, eran brujas y tenían cada una un gato prieto que les sacaban los ojos a las mujeres —ellas entonces los guardaban en un lugar especial—; luego, el gato les lamía el cuerpo hasta separar toda la carne, dejando solamente el esqueleto. Entonces, según la muchacha, las mujeres decían el consabido "De villa en villa, sin Dios ni Santa María" y se iban volando. Una vez la denunciante las quiso acompañar, pero algo salió mal y sólo pudo volar más o menos 20 pasos y cayó al suelo donde la encontró su madre al volver. Cuando regresaban las mujeres de sus paseos, los gatos les volvían a poner toda la carne y, cansadas por el vuelo nocturno, las mujeres se acostaban a dormir toda la mañana.

Historias como éstas, que se suponen reales pero son demasiado parecidas a un relato fantástico, podemos encontrar muchas —en procesos, tratados, manuales y en la literatura—, lo que nos muestra que en los asuntos de brujería se juntan mito y realidad y no hay gran diferencia entre ellos.

La antropofagia

La antropofagia, en especial aquella que consiste en comer niños, se convirtió en un estereotipo hostil que se les atribuía sistemáticamente a todos los grupos disidentes de la voz oficial. En particular en la edad media, se les aplicó no sólo a los cátaros, sino también a otras comunidades consideradas heréticas como los judíos, los paulicianos (Armenia, siglo VII), los valdenses (disidentes del siglo XII que luego se integraron a la Iglesia protestante), y, por supuesto, a las brujas.[22] Un ejemplo ilustrativo y claro antecedente de lo que será la caza de brujas de los siglos XV a XVII es lo que sucedió con los canónigos de Orleáns en el siglo XI. A estos hombres se les acusó de quemar a los hijos que procreaban durante sus frecuentes orgías y de fabricar hostias con las cenizas. Los integrantes de esta secta fueron enviados a la hoguera.

Ya cuando la figura de la bruja estaba bien delimitada, volvió a surgir el asunto, de modo que una de las más típicas acusaciones contra las brujas era ésta de que se comían a los niños.[23]

De hecho, se supone que una de las misiones que el diablo encarga a las brujas durante los aquelarres consiste en matar a todos los niños no bautizados (o bien deben llevarlos a la reunión como plato principal); la orden alcanza incluso a los que están dentro del vientre materno. Así, muchas veces se acusaba a las brujas de provocar abortos con sólo tocar la barriga de una mujer embarazada. Era una opinión muy difundida

22. En pleno siglo XX se acusaba de lo mismo a los comunistas y, como vamos, no sería raro que en un futuro próximo se asigne este estereotipo a los migrantes mexicanos, a los que ya se les acusa (como en la edad media se hacía con los judíos y los leprosos) de provocar enfermedades.

23. Este aspecto de la devoradora de niños lo podemos ver retomado en el conocido son mexicano *La bruja*: "Ay dígame, dígame, dígame usted,/ ¿cuántas criaturitas se ha chupado usted?/ Ninguna, ninguna, ninguna, no sé,/ ando en pretensiones de chuparme a usted".

en el siglo xv que cuando se juntaran en el reino de los cielos un cierto numero de elegidos, entonces vendría el juicio final y los demonios serían lanzados a los tormentos eternos; es por eso que el diablo pedía a las brujas matar a los niños antes del bautizo, para retrasar lo más posible que se alcanzara la cuota de los elegidos.

La idea del sacrificio de niños hizo que las comadronas encargadas de asistir los partos fueran asociadas con la brujería, pues además frecuentemente también tenían conocimientos de herbolaria. Dicen los autores del *Martillo de las brujas,* ya antes mencionado:

> No deben tampoco ser pasados por alto los males causados a los niños por las comadronas que son brujas porque hacen morir a algunos y a otros los convierten en ofrenda sacrílega a los demonios.

Y cuentan los mismos autores, "con el fin de llevar a detestar un crimen tan abominable", la siguiente historia:

> Alguno ha contado que su mujer, antes de parir, en contra de la costumbre de las mujeres en estos trances, había dicho que no permitiría a ninguna otra mujer acercarse a ella sino a su hija que era también comadrona. Queriendo saber el marido la causa de ello, se escondió en su casa cuando hubo llegado el momento, y asistió a todo el ritual de la sacrílega ofrenda al diablo. Vio —según parece— que sin apoyo humano alguno y por el único poder del demonio, el niño se encontraba suspendido en las cadenas de las que se cuelga la olla. Consternado al oír las horrendas palabras de la sacrílega ofrenda a los demonios y demás ritos inconfesables, insistió con fuerza para que el niño fuese inmediatamente bautizado. Cuando le llevaban al pueblo más cercano en el que estaba la iglesia parroquial,

fue necesario atravesar un puente sobre un río. Entonces sacando su espada se dirigió a su hija en presencia de dos testigos: "No quiero que pases al niño al cruzar el puente, o pasa él solo o te arrojo al río". Se sintió la chica aterrorizada, así como las otras mujeres, pensando si se encontraría en sus cabales, ya que nadie estaba al corriente de los hechos más que dos hombres que le acompañaban. Él añadió: "Tú eres la peor de las mujeres porque has hecho subir al niño por la cadena de la chimenea, haz que pase el puente o te echo al agua". Obligada de este modo, puso al niño sobre el puente, invocó al demonio y en un momento el niño se encontraba al otro lado del río. El niño fue bautizado y volvieron a la casa. El hombre tenía dos testigos para acusar a su hija de maleficio, ya que no podría haber presentado como prueba la ofrenda por encontrarse él sólo presente. Tras del tiempo de la cuarentena, acusó a la hija con su madre ante el juez. Ambas fueron quemadas y de esta forma se tuvo público conocimiento de la criminal ofrenda que las parteras tienen por costumbre hacer.

Se supone que estos niños, ofrecidos al demonio en el momento de su nacimiento (o antes), si no mueren, serán más proclives al pecado en cualquiera de sus múltiples formas y, en un futuro, podrían convertirse —si Dios lo permite— en nuevos brujos y brujas.

Transformaciones en animales

Otra de las características de las brujas es su capacidad de transformarse en animales, ya sea para tener acceso a lugares a los que de otro modo les sería imposible llegar, ya para pasar desapercibidas, ya para causar un daño específico. Esta idea ya estaba en *El asno de oro*, relato del autor latino Apuleyo (siglo II), en el que el protagonista, Lucio, buscando conocer los secretos de la magia, queda convertido en un asno a causa de un hechizo.

Los animales en los que se transforma la bruja son bastante limitados: principalmente toma la forma de un gato, de preferencia negro, pero también de gallina o gallo blanco, cuervo —o algún otro pájaro—, serpiente o cabrito. En algunos casos aislados, como en el proceso de Logroño, aparece mencionado que se convertía en perro.

Algunos relatos recopilados hace unos años entre la gente de Castilla y León (España) hablan de brujas transformadas

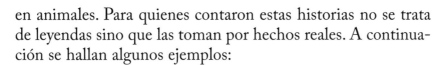

en animales. Para quienes contaron estas historias no se trata de leyendas sino que las toman por hechos reales. A continuación se hallan algunos ejemplos:

En Fradellos de Aliste, en cierta ocasión un señor se encontró una gallina entre las vacas; imaginando alguna brujería, le partió a palos una pata y al día siguiente apareció una señora del pueblo, con fama de bruja, con la pierna rota.

En Bermillo de Sayago cuentan que había un hombre que cuando venía de trabajar, calentaba un puchero con vino y siempre se le acercaba un gato. Un día, cansado ya, puso agua en lugar de vino, y cuando estaba hirviendo, se la arrojó al gato encima. A la mañana siguiente, apareció una mujer muerta y con la cara quemada.

En Maragatería, en León, se cuenta que el *tío Barrigas* —anciano sin hijos y con la mujer enferma, a la que procuraba socorrer con caldos de gallina— un día, después de hacerle el caldo a su esposa, vio que la carne de gallina había desaparecido. Esto se repitió varios días, hasta que una noche, escuchó un ruido misterioso dentro de la casa. Se puso al lado de la gatera, tapando el orificio con un saco y logrando, de esta forma, atrapar un gato negro. Lo estaba golpeando contra el suelo cuando oyó un grito dentro del saco:

—¡No me golpees más, *tío Barrigas*, que no lo volveré a hacer nunca!

Se trataba de la *tía Pardala*, que era meiga y se dedicaba a hacer incursiones de noche por las casas del vecindario en forma de gato.

En estas tres historias la bruja queda al descubierto cuando se tornan visibles las heridas infligidas al animal en el que estaba convertida. Conviene fijarse en que ninguno de los casos lo cuenta alguien de primera mano; es decir, como las *leyendas*

urbanas con las que nos topamos hoy en día, siempre estas cosas comienzan o incluyen la frase "cuentan que", "dicen que", y en general las cosas le sucedieron a "un señor", a "un hombre" o a un personaje como el "tío Barrigas", quien resulta ser un personaje que también aparece en diversas canciones populares españolas. La aventura va pasando de boca en boca y la gente lo cree y lo repite, adaptando el relato a su comunidad. Por ejemplo, el siguiente relato, conocido como "La leyenda del gato negro", coincide en muchos detalles con lo que dice la gente en los pueblos de España:

> Una mujer vive con su hijo y con su nuera. Como es típico, la nuera y la suegra no congenian y el esposo, cansado de las constantes peleas decide mandar a su madre a vivir a otro lado. Todo es paz y tranquilidad en la casa: el hombre trabaja y la mujer hila junto al fuego. Pero, al poco tiempo empieza a aparecer un gato negro que visita a la mujer todas las noches, la mira fijamente y se retira antes de que llegue su marido. Ella, muy asustada le cuenta a su esposo lo que pasa y entre los dos planean tenderle una trampa al animal: esa noche él se pondrá la ropa de la mujer y se sentará a hilar cerca del fuego a ver si aparece el incómodo visitante.
>
> Cuando esa noche llega el gato, ve al hombre disfrazado y le dice:
>
> —¿Eres hombre y estás hilando?
>
> El hombre le contesta:
>
> —¿Y tú eres gato y hablas?
>
> Entonces le arroja un sartén con aceite hirviendo y el gato se escapa aullando.
>
> Al día siguiente cuando el hijo acude a visitar a su madre la encuentra gravemente enferma y le pregunta qué le pasa, a lo que la mujer responde:
>
> —¿Que qué me pasa? ¡Me pasa el sartenazo de aceite hirviendo que me tiraste anoche!

Estas creencias estaban tan difundidas, que cuando alguien golpeaba a un gato que no era de la casa, al día siguiente debía fijarse bien para descubrir si alguna vecina estaba lastimada. Si lo estaba, sin duda se trataba de una bruja.

ENTRE LA BUENA
Y LA MALA MUJER

Al bueno y al mal caballo, la espuela;
a la buena y a la mala mujer un señor
y, de vez en cuando, el bastón.
PROVERBIO DEL SIGLO XIV

El hombre del medievo (podríamos decir la humanidad, pero en este caso sí procede hablar sobre todo del hombre) estaba a merced de todo tipo de fenómenos incontrolables, siempre debatiéndose entre el bien y el mal, oprimido por la sociedad feudal y por la religión, inhibido y censurado en su sexualidad, rodeado de hambruna, muerte y miseria; en este mar de adversidades y miedos encontró en la mujer no la tabla de salvación, sino la culpable de todos sus males. Y hacer de ella un personaje con las características que hemos analizado, no le costó sino un paso.

Los inquisidores, teólogos, filósofos y clérigos medievales y renacentistas inventaron un personaje y luego aplicaron las características de tal invención a mujeres inocentes (excepcionalmente también a otros hombres); quizá en un primer momento podría pensarse que la bruja es exclusivamente una figura imaginaria, sin ninguna relación con la realidad. Pero no es así: estas ideas se basaban en la literatura antigua, las Escrituras bíblicas, las creencias populares y la propia experiencia. Tales ideas, luego de ser adaptadas por los hombres cultos a sus propios miedos, de estructurarlas más o menos a su conveniencia, regresaban al pueblo y se incorporaban nuevamente a la creencia general. Así, es posible decir que, en muchos sentidos, las brujas tuvieron una existencia real.

Es decir, efectivamente existieron mujeres —ya de por sí marginadas como tales—, cuyas circunstancias de vida eran bastante adversas —es decir, se les marginaba todavía más por ser viejas, viudas, pobres o estar solas— y se consideraban a sí mismas brujas. Estas mujeres creían, o al menos deseaban, tener el poder de vengarse de quienes las humillaban; además, es muy probable que efectivamente algunas se reunieran con otras que compartían más o menos la misma condición y también es muy probable que ciertas mujeres, olvidando las conveniencias sociales, dieran rienda suelta a su sexualidad.

Se ha dicho que, en realidad, muchas de estas mujeres estaban enfermas de *melancolía* (esto es, eran depresivas e incluso esquizofrénicas) o adictas a psicotrópicos; esto, sumado a sus deseos de revancha, las hacía creer que efectivamente volaban y participaban en aquelarres. Mujeres con problemas emocionales podían, voluntaria o involuntariamente, ocultar su

vulnerabilidad tras unos supuestos poderes maléficos, que les granjearan el respeto, el miedo o al menos la atención de su comunidad. Incluso, en algunos casos, la fama de bruja podía ser un medio de subsistencia.

En nuestros tiempos, la magia y la brujería han vuelto con nuevos bríos, pero también con enormes diferencias: para empezar, todo lo relacionado con el pacto diabólico ha perdido vigencia —quizás como el diablo mismo, que no es ni de lejos la representación omnipresente del mal que solía ser—, y con ello muchas de las características negativas de la bruja se perdieron. Ahora se habla de *brujas buenas,* lo que a los autores del *Martillo de las brujas* no les hubiera entrado en la cabeza. La *brujería* moderna está ligada más a la práctica de antiguos ritos paganos y a la veneración de la naturaleza, y se rodea de velas e incienso. También ahora, la práctica de la magia puede ser una forma de ganar dinero: basta ver la cantidad de anuncios de

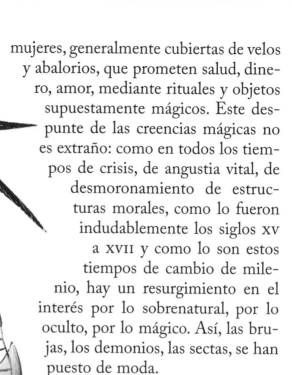

mujeres, generalmente cubiertas de velos y abalorios, que prometen salud, dinero, amor, mediante rituales y objetos supuestamente mágicos. Este despunte de las creencias mágicas no es extraño: como en todos los tiempos de crisis, de angustia vital, de desmoronamiento de estructuras morales, como lo fueron indudablemente los siglos xv a xvii y como lo son estos tiempos de cambio de milenio, hay un resurgimiento en el interés por lo sobrenatural, por lo oculto, por lo mágico. Así, las brujas, los demonios, las sectas, se han puesto de moda.

Sin embargo, a pesar del enorme cambio en la manera de concebir a la bruja y la brujería, y a pesar también de los grandes logros relacionados con una nueva valoración de la mujer, en el fondo, no se ha logrado superar del todo el temor a la *naturaleza femenina*. Aún ahora, lo relacionado con la mujer, con su cuerpo y su sexualidad —incluida la concepción, el aborto y la menopausia—, sigue provocando en algunas personas, principalmente hombres, cierto resquemor: la mujer, la noche y la maldad siguen formando una asociación condenable, como dice la copla popular:

El Sol le dijo a la Luna
retírate bandolera,
que mujer que anda de noche
no debe ser cosa buena.

Como decíamos al principio, entre la mujer y la bruja hay una línea muy delgada que a veces se pierde. Pero esa línea a veces puede ser la superficie de un espejo, donde la bruja es la imagen invertida de la *buena mujer,* de la misma mujer incluso sin adjetivos. Los objetos tradicionalmente asignados a la buena y la mala son los mismos; pero en el caso de la bruja, éstos se apartan de su función o la invierten: la escoba, que usa una para limpiar el espacio doméstico, a otra le sirve para abandonarlo *volando;* los ungüentos, que sirven para curar, en manos de la bruja se transforman en veneno; en el caldero, en lugar de cocinar *para* los niños, se cocina *a* los niños...

Pero incluso la buena mujer siempre estará indisolublemente unida a la bruja: así lo muestran también los cuentos populares y algunas leyendas, en las que aparece una mujer engañando al mismísimo diablo. Sólo la astucia *inherente* a la mujer puede superar al rey de la mentira, aquel que sabe más por viejo que por diablo. De ahí que exista un personaje (de cuentos, de chistes, de refranes) que en muchos sentidos se le parece: la adúltera, un personaje tan recreado y temido como la bruja, pero que engaña y que destruye, no el patrimonio y la salud, sino el honor, que es casi igual de importante.

Así, como señala el proverbio con el que encabezamos este capítulo final, a la mujer, por muy buena que sea, hay que mantenerla sometida (a golpes si es necesario), para que no le salga la bruja que lleva dentro.

La bruja es la otra cara de la *buena mujer,* la creadora de un mundo al revés que se opone a los valores y a las prácticas de una sociedad bastante desigual. La bruja, con su poder sobrenatural, desafía a los poderes que se hacen pasar por *naturales:* el poder político, el económico, el criminal... por eso hay que limitar, vigilar, dominar y, finalmente, exterminar a las brujas. Pero no a todas: las que aparecen en la televisión están muy cómodas en su negocio de vender soluciones. Hay que acabar con las brujas verdaderas, *ésas que no existen* pero acaban en la hoguera.

Dónde encontramos información sobre las brujas

Son muchos los estudiosos de diferentes disciplinas que se han interesado por la brujería y que la han estudiado desde diversos puntos de vista; desde los manuales de inquisición que se mencionaron en el texto, hasta las recopilaciones de cuentos, leyendas y mitos antiguos y modernos, en todos se pueden encontrar cosas muy interesantes sobre este personaje, por lo que para escribir este libro, se revisó una bibliografía muy abundante. A continuación se indican sólo algunas de las obras, sobre todo aquellas de las que se citó información textual.

Entre los textos escritos en la época de mayor auge de la brujería, se consultó el libro de Pedro Ciruelo, *Reprouacion de las supersticiones y hechizerias* (Albatros Ediciones, Valencia, 1978), así como El *Martillo de las brujas* o *Malleus Maleficarum*, de Heinrich Kraemer y Jacob Sprenger (Felmar, Madrid, 1976).

Mucha información sobre la brujería en España y los relatos modernos sobre las brujas de Castilla y León provienen de la investigación de campo que realizó José Francisco Blanco, publicada en su libro *Brujería y otros oficios populares de la magia* (Ámbito, Salamanca, 1992). También de este libro se tomó la relación de especialistas en la magia de San Isidoro de Sevilla.

El antropólogo español Julio Caro Baroja escribió tres importantes obras sobre el tema: *Las brujas y su mundo*, *El señor inquisidor y otras vidas por oficio*, ambas reeditadas recientemente (Alianza Editorial, México 2006); la otra es *Inquisición, brujería y criptojudaísmo* (Madrid, Ariel, 1970), donde trató ampliamente el caso del proceso de Logroño; de este libro se tomaron los testimonios citados.

El caso de la muchacha embarazada por el diablo que publicó Gaspar Navarro en su *Tribunal de superstición ladina* en 1631 fue tomado del libro de María Jesús Zamora Calvo, *Ensueños de Razón. El cuento inserto en los tratados de magia (siglos XVI y XVII)* (Universidad de Navarra-Iberoamericana-Vervuert, Madrid-Frankfurt, 2005). De este libro también se tomó la información sobre los tratados de magia y brujería.

El cuento de la bruja de Córdoba aparece en *Cuentos populares españoles. Recogidos de la tradición oral de España* (tomo I), de Aurelio M. Espinosa (Consejo Superior de Investigaciones Científicas, Madrid, 1946).

La cita sobre las fantasías eróticas de los autores del *Malleus* se tomó del libro *Con el diablo en el cuerpo. Filósofos y brujas en el renacimiento*, de Esther Cohen (Taurus-UNAM, México, 2003).

En el tomo V de la *Historia de los heterodoxos españoles* de Marcelino Menéndez y Pelayo (Emecé, Buenos Aires, 1945), se relata el caso de las brujas de Navarra. El caso de las brujas de Coahuila está en el Archivo General de la Nación y fue estudiado por Lara

Semboloni, en un artículo llamado "Cacería de brujas en Coahuila, 1748-1751. «De Villa en Villa, sin Dios ni Santa María»", publicado en la revista *Historia Mexicana* (año/vol. LVI, número 002, El Colegio de México, México, 2004).

El cuento del marido de la bruja que arruina el aquelarre cuando se le sale un "¡Gracias a Dios!", y la historia de la suegra bruja fueron tomados de *Brujas, Hombres-Lobo y Vampiros* de Renzo Vitallini (seudónimo de Miguel Giménez Saurina; Grupo Editorial GRM, Barcelona, 2002).

Además, se hizo referencia o se tomó información de las siguientes fuentes:

BORDES, Gonçal Vicenç, *La velleta verda*, consulta en Internet: <http://club.telepolis.com/meugenia1/index.htm>, 25 de noviembre de 2006.

JIMÉNEZ RUEDA, Julio, *Ampliaciones y advertencia a «Historia del tribunal del Santo Oficio de la Inquisición en México», de José Toribio Medina*, Ediciones Fuente Cultural, México, 1952.

LÓPEZ IBOR, Juan José. *¿Cómo se fabrica una bruja?*, Círculo de Lectores, Barcelona, 1976.

NATHAN BRAVO, Elia, *Territorios del mal. Un estudio sobre la persecución europea de brujas*, Universidad Nacional Autónoma de México, México, 2002.

SALLMAN, Jean-Michel, "La Bruja" en *Historia de las mujeres de Occidente. Tomo 3. Del renacimiento a la Edad Moderna*, Georges Duby y Michelle Perrot (dirs.), Taurus, México, 2005.

ÍNDICE

El trabajo de investigación en el que se basa este libro,
sobre todo aquel referido a la Nueva España,
forma parte del que se desarrolla en el proyecto
Literaturas Populares de la Nueva España (1690-1820)
Revisión Crítica y Rescate Documental de Textos Marginados
(PAPIIT- IN406505-CONACYT 24403-H).

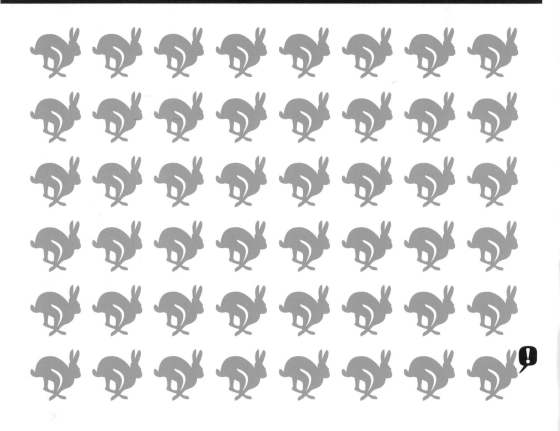